Heike Führ wurde 1962 in Mainz geboren, ist verheiratet und hat 2 erwachsene Kinder - seit 3 Jahren lebt Seelenhund Smiley bei ihr und ihrem Mann.

Sie ist seit 1994 an Multiple Sklerose erkrankt und führt zur Information darüber eine Webseite, sowie eine gleichnamige sehr ⟩endig laufende Facebook-Seite. Sie ist mittlerweile eine routinierte ₂gerin und arbeitet für mehrere Projekte und hat bereits 9 MS-⟩itbücher, 2 Kinderbücher, ein „Glücks-Buch" und ein ⟩dschafts-Buch", sowie ein Low-Carb-Kochbuch geschrieben.

e Führ ist ausgebildete Erzieherin mit vielen pädagogischen chologischen Fort- und Weiterbildungen. Sie belegte auch Kurse für „Yoga mit Kindern". Diese intensive Zeit und ihr ₃sches Wissen prägen auch ihr Schreiben.

http://multiple-arts.com/
http://heikef.jimdo.com

Die zweite Leidenschaft der Autorin gilt neben dem Schreiben dem Malen und Zeichnen. Auf Facebook ist sie hier zu finden:

„Impressionen - Malen, Zeichnen & Mehr"

https://www.facebook.com/IMPRESSIONEN.Kunst/?fre

Heike Führ

LOW CARB Vegetarisch & Schnell

Schnell, einfach und lecker!

> LOW CARB Vegetarisch

Schnell, einfach und lecker!<

© 2016 Heike Führ

Originalausgabe August 2015

© 2016 Herstellung und Verlag:

BoD – Books on Demand, Norderstedt

ISBN 9783741271274

© 2016 Satz, Layout: Heike Führ

Alle Rechte vorbehalten.

All Rights reserved - Das Werk darf - auch teilweise - nur mit Genehmigung des Verlags und Autors wiedergegeben werden.

ISBN 9783741271274

Bibliografische Information der Deutschen Nationalbibliothek: Die Deutsche Nationalbibliothek verzeichnet diese Publikation in der Deutschen Nationalbibliografie; detaillierte bibliografische Daten sind im Internet über http://dnb.de abrufbar. Printed in Germany

INHALTSVERZEICHNIS

S. 7 Vorwort
S. 10 Was ist Low Carb?

S. 16 Vorspeise / Snacks/Beilagen
S. 16 Herzhafte Muffins
S. 17 Zucchini-Kugeln
S. 18 Gefüllte Avocado
S. 19 Chips mit Dip
S. 20 Bunter Salat-Teller
S. 21 Mozzarella-Spieße
S. 22 Tofu-Tom.-Pfännchen
S. 23 Gemüse-Carpaccio
S. 24 Karotten-Salat
S. 25 Gefüllte Feigen
S. 26 Schafskäse mit Gemüse
S. 27 Pilz-Carpaccio
S. 28 Gefüllte Gurken
S. 29 Zucchini-Carpaccio
S. 30 Auberginen-Cannelloni
S. 32 MINI-Pizza Aubergine
S. 33 Zucchini CHIPS
S. 34 Gefüllte Eier-Muffins
S. 35 PIZZA-Röllchen
S. 36 LACHS-SPINAT-Rolle
S. 37 Lachs-Röllchen
S. 38 Gefüllte Champignons
S. 38 Überbackenes Fladenbrot

S. 40 Hauptgerichte
S. 40 Gnocchi
S. 41 LC – „Reis"
S. 42 Püree
S. 43 Kohlrabi-Pommes
S. 44 Zucchini-Pommes
S. 44 Zucchini-Nudeln
S. 46 Blumenkohl- Kuchen
S. 47 Kürbis-Kuchen
S. 48 Zucchini-Tarte
S. 49 Pizza (Boden)
S. 50 Brokkoli-Käse-Röstis
S. 51 Gemüsepfanne
S. 52 Zucchini-Spaghetti mit frischer Tomatensoße
S. 53 Tomaten-Basilikum-Suppe
S. 54 Flammkuchen
S. 55 Herzhaftes Omelette
S. 56 Süße Pfannkuchen
S. 57 Ingwer-Chili-Karotten mit Camembert
S. 58 Frischkäsebällchen
S. 59 Rührei mit Sojasprossen (asiatisch)
S. 60 Artischocken-Tortilla
S. 61 Gebackene Spinatnester
S. 62 Pilz-Omelett-Röllchen

S. 63 Desserts / Süßes
S. 63 Schoko-Brotaufstrich
S. 63 Kokosbällchen
S. 64 Schoko-Mousse
S. 65 Schokoladen-Mandel-Pralinen
S. 66 "Marzipan"-Kugeln
S. 66 Chia-Schoko-Pudding
S. 67 Einfacher Pudding
S. 68 Eis-Pralinen
S. 69 Schoko-Pancakes
S. 69 Himbeer-Eis

S. 71 Kuchen und Gebäck
S. 72 Karotten-Kuchen

S. 73 Einfacher Tortenboden
S. 74 Kokos-Schoko-Kuchen
S. 75 SCHOKO-Käsekuchen
S. 76 Johannisbeer-Quark-Kuchen
S. 77 Marmorierter Schoko-Kuchen
S. 78 Mandel-Torte

S. 80 BROT / Brötchen
S. 80 Kürbiskern-Brötchen
S. 81 Einfache luftige Brötchen
S. 82 Helle Brötchen
S. 83 Allround-Brot
S. 84 Sonnenblumenkern-Brot
S. 85 Eiweißbrot
S. 86 Chia-Samen-Brot

Vorwort

Liebe Leser,

Low Carb (LC) ist eine gute Alternative und eine wundervolle Ernährungsform – sie hält gesund und macht fit.

Sich nach LC-Richtlinien zu ernähren, scheint dann schwierig, wenn man auf Fleisch verzichten möchte. Denn Fleisch hat keine Kohlenhydrate (KH), Wurst ebenso nur sehr wenige und somit erscheint es sehr einfach, sich gerade bei LC mit Fleisch satt zu essen.

Aber es geht auch anders.

Vegetarismus bezeichnet ursprünglich eine Ernährungs- und Lebensweise, bei der neben Nahrungsmitteln pflanzlichen Ursprungs nur jene Produkte verzehrt werden, die vom **lebenden** Tier stammen. Es werden Nahrungsmittel, die von getöteten Tieren stammen, gemieden (wie Fleisch und Fisch). Unterschiede gibt es allerdings unter den Vegetariern, wie sie es mit Lebensmitteln, die vom lebenden Tier stammen (wie Eier, Milch und Honig) halten. In diesem Buch gehe ich davon aus, dass Sie Eier, Milch (und somit auch Quark und Joghurt) verzehren.

Ich selbst habe mit der Ernährungsumstellung zu LOW CARB vor circa 2 Jahren begonnen. Meine größte Motivation war Gewicht zu verlieren. LC wird ebenfalls auch für chronisch Kranke empfohlen und da ich seit 1994 Multiple Sklerose (MS) habe, wurde mir mehrfach von Ernährungsberatern die entzündungshemmende Ernährungsform LC empfohlen.

Ich möchte vorausschicken, dass ich mich nie mit großartigen ernährungstechnischen „Werten" beschäftigte – das heißt, ich habe nicht verinnerlicht, wie viel Eiweiß ich essen sollte oder nicht und so weiter. Ich wollte locker an die Sache herangehen und habe es gut geschafft. Ich habe innerhalb von 7 Monaten etwa 15 Kilogramm langsam abgenommen (am Anfang ging es deutlich schneller, dann stagnierte es) und habe das Gewicht einigermaßen gehalten.

Für dieses Büchlein aber ist mir wichtig zu erwähnen: ich bin kein LC-Experte und ich betrachte das Ganze wirklich sehr unkompliziert. Aber ich stehe mitten im Leben und somit ist mir beispielsweise aufgefallen, dass es gewisse Schwierigkeiten im Alltag im Umgang mit LC geben kann. Deshalb kann ich jedem, der ernsthaft LC betreiben möchte nur empfehlen, sich von Fachkräften beraten zu lassen und sich entsprechende Literatur zu besorgen. Ebenso ist es hilfreich, sich Tabellen mit den entsprechenden Kohlenhydraten zu besorgen und diese zu verinnerlichen.

Vorwegnehmen kann ich hier schon einmal, dass es mir seit der LC-Ernährung deutlich besser geht: ich habe weniger krankheitsbedingte Erschöpfungszustände, habe wieder mehr Energie und fühle mich insgesamt vitaler. Die Angst, dass es mir zu viel sein könnte, immer etwas zu backen oder zu kochen/vorzubereiten hat sich nicht bestätigt, da ich durch die hinzugewonnene Energie nun auch mehr Kraft zum Vorbereiten habe.

Ich backe mir mein Brot selbst und da ich immer noch sehr gerne Süßes esse, findet man bei mir IMMER etwas (LC-) Süßes im Haus – selbstgebackene Kekse, Torten, Kuchen, Schoko-Cremes und Vieles mehr. Das Tolle an LC ist wirklich, dass LOW Carb, aber HIGH Fat (also viele gesunde Fette) tatsächlich funktioniert und sich das Gehirn entsprechend umstellt.

Ich gehe bei meinen Lesern davon aus, dass Sie sich schon mit LC beschäftigt haben und werde deshalb auch nur kurz in einem Kapitel auf diese Ernährungsform eingehen.

Hier geht es um praktische Tipps und vegetarische Rezepte, die noch dazu sehr einfach umzusetzen sind.

Erwähnen möchte ich außerdem noch, dass ich hier NUR laienhaft schildere, wie ICH meine Ernährung gestaltet habe. Ich habe wie eingangs erwähnt, nie akribisch Kohlenhydrate (KH) gezählt, oder auf sonstige ernährungswissenschaftliche Dinge geachtet – das wäre mir viel zu kompliziert geworden. Ich werde hier deshalb auch keine Ernährungspläne aufstellen. Betrachten Sie dieses Büchlein einfach als das, was es ist: ein kleines Rezepte-Buch zur Ergänzung Ihrer LC-Ernährung.

Was ich bereits nach schon 3-4 Wochen LC festgestellt habe, war, dass meine Heißhunger-Attacken verschwanden, dass ich deutlich (!) mehr Energie und Kraft hatte, weniger Erschöpfungs-Anfälle und somit auch mehr Zeit und Kraft zum LC-Backen- und Kochen hatte.

Ich esse mittlerweile auch mal ein dickes Eis im Eiscafé, Kuchen oder auch mal ein Stück Baguette – und nehme nicht zu.

Was man mir geraten hat, ist eine „Low Carb – high fat" (wenige KH, aber viele FETTE) – Diät zu machen. Das heißt, ich darf viele möglichst gesunde Fette essen, was mir besonders den Anfang sehr leicht gemacht hat – mal zwischendurch ein dickes Stück Gouda-Käse abschneiden und meine geliebten LC-Süßspeisen durfte ich mir gönnen.

Mit der Zeit wird man auch selbst immer erfinderischer, entdeckt neue Möglichkeiten und findet auch das für sich am Geeignetste heraus. Seien Sie mutig. Viele schnelle Rezepte, wenn mich doch mal der „kleine Hunger" überfällt, entwickele ich neu: auf die Schnelle mal ein Mikrowellen-Cookie oder Pfannkuchen backen – alles LC versteht sich! Der Fantasie sind keine LC-Grenzen gesetzt!

Und probieren Sie aus, welche Zutaten Sie austauschen können: Haben Sie ein Torten-Lieblingsrezept? Dann überlegen Sie einfach, wie Sie es in LC umwandeln können. Wichtig ist beim Umwandeln, dass man einem LC-Backrezept immer noch sogenannten „Weizenkleber" beifügt, damit es dem Original-Rezept auch am ehesten nachkommt.

Und noch ein ehrlicher Hinweis: ich habe die Rezepte alle selbst zubereitet, ausprobiert und verfeinert – aber ein LC-Brötchen wird selten an den Biss und Geschmack eines Weizen/Roggen-Brötchens herankommen. Trotzdem ist es eine tolle Alternative. Beim Brot wiederum bin ich mit dem LC-Ersatz sehr zufrieden.

Des Weiteren möchte ich noch erwähnen, dass ich hier auf große Anleitung zum Kochen verzichte, da ich davon ausgehe, dass mein Büchlein nicht von absoluten „Koch-Anfängern" gelesen wird. Dass man ein Backblech und eine Kuchenform entweder einfettet oder mit Backpapier auslegt, ist sicherlich selbstverständlich.

Nun viel Freude beim Stöbern und Ausprobieren!

Hier der Link zur „LOW CARB-Ernährung"
auf meiner Homepage:

http://multiple-arts.com/low-carb-ernahrung/

Was ist LOW CARB?

Es ist ganz einfach: ins Deutsche übersetzt bedeutet LOW CARB: wenig Kohlenhydrate. Die von mir praktizierte Ernährungsform ist LC-HF (= low carb - high fat / wenig Kohlenhydrate - viel Fett). Dies ist aber nur eine Variante der Low Carb-Ernährung.

Die täglichen Mahlzeiten bestehen hauptsächlich aus Gerichten, bei denen der Anteil der Kohlenhydrate reduziert wird (z.B. Gemüse, Milchprodukte, und bei Nicht-Vegetariern noch aus Fisch und Fleisch). Fette und Proteine ersetzen dabei hauptsächlich die wegfallenden Kohlenhydrate.

Wie funktioniert Low Carb?
„Die Zellen des menschlichen Körpers werden über Einfachzucker wie Glucose und Fructose im Blut mit Energie versorgt. Diese Zucker können auch direkt mit der Nahrung aufgenommen werden. Kohlenhydrate, die aus längeren Ketten bestehen, wie sie in Getreide oder Kartoffeln zu finden sind, können sehr einfach (aber nicht sehr schnell) vom Verdauungssystem in verwertbare Einfachzucker umgewandelt werden.

Sehr lange Kohlenwasserstoffketten, aus denen Fettmoleküle hauptsächlich bestehen, haben zwar eine höhere Energiedichte (mehr kJ pro Gramm), sind aber ungleich schwieriger vom Körper in eine verwertbare Form zu bringen.

Werden nun nicht ausreichend Kohlenhydrate mit der Nahrung aufgenommen, findet eine Umstellung des Stoffwechsels in Richtung Katabolismus statt. In diesem Zustand erzeugt der Organismus in der Leber aus den Fettreserven über Acetyl-CoA körpereigene Energieträger, die sog. Ketone, die er seinen Zellen als alternative Energielieferanten zur Verfügung stellt.

Auf diese Weise wird der Körper gezwungen, seine eigenen Fettreserven als Energielieferant zu nutzen, was zu einer Gewichtsreduktion führt. Die Metabolismusumstellung wird dabei von einem Sinken des Insulinspiegels eingeleitet, sodass die typischen anabolen Insulineffekte nicht mehr auftreten. Stattdessen wird vermehrt Glukagon ausgeschüttet, wodurch die Energiespeicher (Glykogen, Fette etc.) angegriffen und abgebaut werden." (https://de.wikipedia.org/wiki/Low-Carb)

Damit der Körper also trotzdem mit genügend Energie versorgt wird und auch aus Energie-Reserven schöpfen kann, wird bei LC-HF aus diesem Grund der Fettanteil in der Nahrung erhöht. Allgemeine Richtlinien besagen, man sollte ca. 1,2g Fett pro Körper-Kilogewicht zu sich nehmen, um so den Energiebedarf wirklich decken zu können. Wie ich bereits erwähnt habe, habe ich nie auf solche Dinge geachtet, würde es aber jedem empfehlen, der sich unsicher ist. Und eins ist wichtig im Zusammenhang mit LC-HF: Fett macht NICHT fett!!!

Das hat es mir so einfach gemacht, meine geliebten Süßigkeiten, wie „Mousse au Chocolat" weiterhin (mit LC-Zutaten) oder auch entsprechende Torten und Kuchen essen zu können.

Grundregeln:

Alle Kohlenhydratangaben auf den Speisen beachten: alles, was UNTER 10 g KH bei 100 g Speise ist, IST LC! Das macht das Einkaufen erst einmal einfach. Ich habe mir ein Büchlein gekauft, in dem die Nährwertangaben von tausenden Speisen enthalten sind und habe diese studiert, sowie mir herausgeschrieben, was für mich in Frage kommt.

Naschen zwischendurch: süße Mandeln (man bekommt sie in jedem Lebensmittelgeschäft – sie benutzt man sonst auch zum Backen). Ich habe immer ein Schälchen mit Mandeln in Griffweite stehen. (10 Stück Mandeln haben gerade 1 KH). Ideal für den Hunger zwischendurch, oder abends zum Knabbern. Ich habe auch immer welche in meiner Handtasche parat, da ich bedingt durch die MS plötzlich Hunger bekommen kann, der sofort gestillt werden müssen, da sonst eine Fatigue folgen könnte. Sich dann unterwegs mal schnell eine Brezel oder ein Brötchen zu kaufen, wäre sehr kontraproduktiv – also habe ich Mandeln als Lösung gefunden.

Baiser: Ich liebe Baiser in allen möglichen Formen. Und wenn man diesen mit Xucker herstellt, hat man die perfekte Süßigkeit für Naschkatzen.

Eis: Nichts einfacher als das: ich habe mir Eisförmchen gekauft - es gibt unzählige Möglichkeiten LC-Eis herzustellen: z.B. Früchte pürieren, mit Süßstoff und Joghurt mischen, in die Eisförmchen füllen, einfrieren – fertig!

Übersicht über die gängigsten Low Carb Zutaten:

Proteinpulver/Eiweißpulver: Eiweißpulver wird oft als Ersatz für Weizenmehl verwendet. Man muss selbst ausprobieren, wie einem die Konsistenz der Backwaren gefällt, wenn sie ausschließlich mit Eiweißpulver gebacken werden. Man kann es deshalb evtl. auch gut mit Mandel- oder Kokosmehl kombinieren. Das muss man aber experimentieren.

MEHLE:
Mandelmehl ist ein Allrounder – ein guter Mehlersatz und somit eine der Hauptzutaten für alle möglichen LC-Rezepte.
Kokosmehl: Es verleiht jedem Teig eine Bindung. Es bewirkt, dass der Teig lockerer und luftiger wird, als bei einem Teig mit NUR Mandelmehl allein. Ein Teil des Kokosmehls lässt sich auch durch Eiweißpulver ersetzen.
Leinsamenmehl: Durch Leinsamenmehl wird der Teig locker, allerdings schmeckt man es leicht heraus, sodass es sich eher für herzhafte Speisen eignet. Im Geschmack erinnert es ein wenig an Vollkornmehl und es ist sehr sättigend. Es lässt sich gut durch gemahlene Leinsamen ersetzen (aber man muss dann die Feuchtigkeit im Rezept etwas reduzieren, da die gemahlenen Leinsamen mehr Fett enthalten).

Guarkernmehl oder Johannisbrotkernmehl: Beide Mehle sind zum Binden von Soßen, Teig, Pudding usw. ideal. (Wird als Ersatz für Speisestärke eingesetzt, aber vorsichtiger dosieren!).

Gemahlene Mandeln/Nüsse: Aber Vorsicht: Mandelmehl durchläuft einen anderen Prozess und ist deswegen nicht einfach durch gemahlene Mandeln zu ersetzen. Mandelmehl entsteht, indem die Mandeln gepresst und entölt werden. Das, was dabei übrig bleibt und getrocknet wird, ist das Mandelmehl. Gemahlene Mandeln enthalten mehr als 4 Mal so viel Fett als Mandelmehl.

Xucker / Xylit = ein Zuckeraustauschstoff (auch als Birkenzucker bekannt). Er lässt das Insulin im Körper kaum bis gar nicht ansteigen, sodass er sich prima für die Low Carb Ernährung (auch im Rahmen einer Diabetes) eignet. Xucker ist besonders zahnfreundlich und kann genau wie Haushaltszucker dosiert werden.

WARNUNG: Während Xylit und Erythritol für Menschen unschädlich sind, **sind sie für Hunde und andere Haustiere hochgiftig - schon 5g können zum Tode führen,** da die Tiere den Xucker nicht richtig verstoffwechseln können!

Isomalt: = ein Zuckeralkohol (genau wie Xylit), der aus Zucker hergestellt wird. Isomalt lässt den Insulinspiegel kaum ansteigen und ist daher genauso gut als Zuckeraustauschstoff wie Xylit geeignet. Aber ebenfalls wie Xylit kann Isomalt bei einer hohen Menge abführend wirken.

Isomalt wird gerne verwendet um Karamell herzustellen.

Kokosöl: = ein sehr gesundes Fett und eignet sich daher perfekt für die Low Carb - High Fat Ernährung um den Fettanteil abzudecken. Es wird wie Butter verwendet.

Flohsamenschalen: (Samenschalen, die „Schleimstoffe" enthalten, den Teig aufquellen lassen und ihm dadurch eine wunderbare Konsistenz verleihen). Sie werden ebenfalls zum Binden benutzt - allerdings eher dadurch, dass sie aufquellen und der Teig dadurch beispielsweise eine luftigere Konsistenz bekommt.

Es wird empfohlen, den Rezepten generell einfach 1-2 EL Flohsamenschalen oder Weizenkleber hinzuzufügen.

Wissenswertes:

Salat und einige Obstsorten: Aufpassen!!! - Sehr viele versteckte Zucker in den Früchten. Gut sind vorwiegend Beeren, wie Himbeeren, Erdbeeren und so weiter. Diese sind KH-arm und eignen sich auch einmal für zwischendurch.

Abkürzungen:
LC = Low Carb
KH = Kohlenhydrate
g = Gramm
Min. = Minuten
TL = Teelöffel
EL = Esslöffel
ml = Milliliter
P = Päckchen/Packung

Tipps:

- bei Kuhmilch-Unverträglichkeit – Lactose freie Produkte oder Schafs- und Ziegen-Produkte
- Mandeln zwischendurch

TIPP:

Alle Kuchen und Muffins können jeweils noch mit Sahne und LC-Cremes gefüllt, oder mit einem Topping versehen werden.

Zwischendurch geht immer mal ein Stück Käse, Wurst, Oliven, Mandeln, Erdnüsse in Maßen oder auch LC-Gebäck.

Mit zuckerfreiem Sirup kann man sich Pancakes, Joghurt/ Quarkspeisen oder auch den Kaffee versüßen. Ein Sahnehäubchen kann ebenfalls eine Süßspeise abrunden.

Für mich hat sich als äußerst praktisch erwiesen, dass ich oft die doppelte Menge an Brot/Brötchen oder auch Kuchen backe und die Restmenge einfriere. Das spart an hektischen Tagen Zeit und Nerven.

Stöbern Sie mal im Internet – es gibt viele tolle LC-Webpages mit leckeren Ideen und Rezepten.

In meinem LC-Buch „LC für unterwegs" habe ich einige Rezepte für Brote und Brötchen hinzugefügt.

Ich habe die Rezepte so aufgeteilt, dass sie sich auch gegebenenfalls ergänzen. So kann man ein Bötchen mit Käse belegt zu einem Salat essen, oder zu einer Tofu-Speise einen der Salate anrichten. Seien Sie kreativ! ☺

Suppen: Grundsätzlich können Sie jedes Suppen-Rezept abwandeln, mit anderen Gewürzen versehen und somit neue Kreationen erstellen.

Vorspeise / Snacks / Beilagen

Herzhafte Muffins

Zutaten:

3 Eier
60-80g geriebener Gouda
30 g Mandelmehl
2 Frühlingszwiebeln
350g Gemüse (z.B.: Lauch, Pilze, Paprika, , Blumenkohl)
Kräuter
Salz und Pfeffer

Zubereitung:

- Gemüse klein schneiden
- Zwiebeln in einer Pfanne anbraten
- Das übrige Gemüse dazu geben
- Mit Kräutern, Salz, Pfeffer abschmecken
- In der Zwischenzeit die Eier aufschlagen und mit dem Gouda und Mandelmehl mischen
- Nun alle Zutaten mischen und in Muffin-Förmchen füllen
- 30 Minuten bei 180 Grad backen

Zucchini-Kugeln

Zutaten:

1 Zucchini
2 Eier
140g Mandelmehl
1 EL geriebener Parmesan
60g geriebener Käse (Gouda o. Edamer)
Gewürze / Salz, Pfeffer

Zubereitung:

- Backofen auf 220 °C vorheizen
- Zucchini zerkleinern (Küchenmaschine, Stabmixer)
- Zucchini mit Ei, Mandelmehl, und dem jeweiligen Käse vermischen
- Würzen
- Kleine Kugeln formen und auf ein Backblech setzen
- ca. 12-20 Minuten backen
- Danach abkühlen lassen

(Dazu passt Salat, Brot und ein Dip)

Gefüllte Avocado

Zutaten:

1 Avocado
Ein paar Oliven (entsteint)
1 Tomate
1 kleine Zwiebel
Remoulade
Salz und Pfeffer

Zubereitung:

- Die Avocado der Länge nach aufschneiden und den Kern entfernen
- Die Avocado mit Salz und Pfeffer bestreuen
- Tomaten, Zwiebeln und die Oliven klein schneiden
- Remoulade unter die Tomaten-Mischung geben und nochmals abschmecken
- Tomatenmischung in die Mulde der Avocado füllen

Man kann auch noch ein hart gekochtes Ei untermischen.

Chips (z.B. Parmesan) mit Dip

Zutaten:

160g geriebener Parmesan
120g geriebener Käse nach Wahl (z.B. Edamer, Gouda)
Frische Kräuter nach Belieben
Gewürze nach Belieben
Dip: 200g Frischkäse (ggfls. mit Kräutern) mit Gewürzen verfeinern

Zubereitung:

- WICHTIG: Den Ofen auf 200 Grad vorheizen!
- Parmesan und Käse nach Wahl in einer Schüssel mischen
- Gewürze und Kräuter beimischen
- Backblech mit Backpapier auslegen (!)
- Käsemischung mit einem TL in kleinen Häufchen auf das Backblech legen
- Ca. 15 Minuten backen

- In der Zwischenzeit Frischkäse-Dip mit Gewürzen und Kräutern vermengen

Bunter Salat-Teller mit Schafskäse und Oliven

Zutaten:

1 Salatgurke
6 Tomaten
200g Feta
80 g schwarze und grüne Oliven
1 große Zwiebel
Basilikum-Blätter

Dressing:
2 EL Olivenöl
3 EL dunklen Balsamico-Essig
Gewürze (Ich nehme gerne eine P. Kräuter „Italienische Art")
1 Spritzer Süßstoff

Zubereitung:

- Tomaten in Stücke schneiden
- Gurke waschen und mit Schale in dünne Scheiben schneiden.
- Zwiebel in feine Ringe schneiden
- Feta würfeln
- Soße anrühren

Nun gibt es 2 Möglichkeiten:

1. Alle Zutaten mischen, oder
2. Gurken- und Tomatenstücke auf den Tellern anrichten, andere Zutaten drüber streuen und die Soße darauf träufeln

- Basilikum-Blätter darüber geben

Mozzarella-Spieße mit Gemüse

Zutaten:

(Holzspieße)

1 Zucchini
1 rote Paprika
1 gelbe Paprika
2 P. mit kleinen Mozzarella-Kugeln
16 grüne Oliven
Basilikum
½ Zitrone
Flüssigen Süßstoff
Gewürze (Salz, Pfeffer, z.B. getrockneter Oregano)
4 EL Gemüsebrühe
2 EL Olivenöl

Zubereitung:

- Paprikaschoten jeweils halbieren, entkernen, waschen und in kleine Stücke schneiden
- Zucchini in Scheiben schneiden
- Mozzarella abtropfen
- Zucchini, Paprika, Oliven und Mozzarella abwechselnd auf Holzspieße stecken
- Zitrone auspressen
- Zitronensaft mit Süßstoff, 3 EL Wasser, den Gewürzen, der Gemüsebrühe und dem Olivenöl in einer Schüssel verrühren
- Über die Spieße träufeln.
- Spieße mit Basilikum und der Pfeffermischung bestreuen und servieren

Tofu-Tomaten-Pfännchen mit Bärlauch-Pesto

Zutaten:

200g Tofu
2 große Tomaten
1 Zwiebel
1 Bund Bärlauch
2 EL Kürbiskerne
2-3 EL Olivenöl
Gewürze

Zubereitung:

- Tofu abtropfen lassen und in Scheiben schneiden
- Tomaten in Scheiben schneiden
- Bärlauch fein hacken und zusammen mit den Kürbiskernen und dem Öl in einen Mörser geben und zu einer Paste zerreiben (Gute Küchenmaschine geht ebenfalls)
- Tofu- und Tomaten-Scheiben in Förmchen schichten, Gewürze darüber streuen
- Nun mit Bärlauch-Pesto beträufeln
- Im Backofen 200°C, etwa 15 Minuten garen (Bei Grillfunktion gerne auch grillen)

Gemüse-Carpaccio mit Limetten-Dressing

Zutaten:

2 Tomaten
1 mittelgroße Karotte
½ Kohlrabi
½ Zucchini
½ Limette
Gewürze
1 Spritzer Süßstoff
1 TL Olivenöl
Geraspelter Parmesan
Rucola

Zubereitung:

- In einem großen Topf Salzwasser aufkochen
- In der Zwischenzeit Karotte, Kohlrabi und Zucchini putzen und schälen
- Alles in sehr dünne Scheiben schneiden und ins kochende Salzwasser geben und 2–3 Minuten garen
- Alles abgießen und gut abtropfen lassen
- Limette auspressen und den Saft in einer kleinen Schüssel auffangen, mit Gewürzen und Süßstoff vermengen und dann das Öl darunter mischen.
- Das lauwarme Gemüse auf einen Teller geben, Limetten-Vinaigrette darüber träufeln und mit geraspeltem Parmesan und Rucola bestreuen

Karotten-Salat mit Blaubeeren

Zutaten:

2 Karotten
1 Stück Rettich nach Belieben
100g Blaubeeren
2 -3 gehackte Walnusskerne
1 kleine Zitrone
1 EL Olivenöl
Gewürze
1 Spritzer Süßstoff

Zubereitung:

- Karotten und Rettich putzen und schälen und raspeln und vermischen
- Blaubeeren in einem Sieb kurz abspülen, abtropfen lassen
- Gehackte Walnüsse mit den Beeren zu den Karotten und dem Rettich geben
- Zitrone auspressen, und nach Geschmack den Saft abmessen
- In einer kleinen Schüssel mit dem Öl verrühren
- Die Soße mit Gewürzen abschmecken und zum Salat geben
- Alles miteinander mischen und servieren

Gefüllte Feigen mit Mandel-Joghurt

Zutaten:

4 reife Feigen
1 TL gemahlene Mandeln
120g Naturjoghurt
½ - 1 Zitrone
1 Spritzer Süßstoff
1 kleine Prise Chili

Zubereitung:

- Feigen vorsichtig waschen und trockentupfen
- Jeweils den Deckel abschneiden und das Fruchtfleisch mit einem Teelöffel vorsichtig herauslösen
- Das Fruchtfleisch mit einer Gabel zerdrücken
- Joghurt mit Zitronensaft, Chili und Süßstoff abschmecken und verrühren
- Die gemahlenen Mandeln unter das Fruchtfleisch rühren
- Vorsichtig das Joghurt unterheben
- Nun die Joghurt-Frucht-Masse in die Früchte füllen und die Deckel leicht schräg aufsetzen.

Schafskäse mit Gemüse und frischer Minze

Zutaten:

100g Schafskäse
1-2 Tomaten
1 kleine Salatgurke

Soße:
1 EL Olivenöl
2 EL roter Balsamico-Essig
Gewürze/Kräuter
1 Spritzer Süßstoff
Minze

Zubereitung:

- Schafskäse, Tomaten und Gurke in Würfel schneiden
- entweder: Soße anrichten, alle Zutaten mischen
  oder Schafskäse, Tomaten und Gurke auf einem Teller anrichten und die Soße darüber träufeln
- Mit Minze-Blättern garnieren

Pilz-Carpaccio mit Pinienkernen & Parmesan

Zutaten:

300 g Steinpilze
300 g braune Champignons
2 EL Pinienkerne
Geriebener Parmesankäse
Minze

Soße:
3 EL Olivenöl
4 EL roter Balsamico-Essig
Gewürze/Kräuter
1 Spritzer Süßstoff

Zubereitung:

- Pinienkerne in einer kleinen Pfanne goldbraun anrösten und abkühlen lassen
- Pilze putzen und in Scheiben schneiden
- Die Hälfte der Minze fein hacken
- Soße: Alle Zutaten und die Minze mit 2 EL Wasser mischen
- Pilzscheiben auf 4 große Teller legen
- Mit der Soße beträufeln
- Parmesan mit den Pinienkernen auf dem Pilz-Carpaccio verteilen. Minze-Blätter darüber streuen und servieren

Gefüllte Gurken mit Tomaten-Frischkäse

Zutaten:

1 kleine Salatgurke
4 Cocktail-Tomaten
100g körniger Frischkäse
1 EL Sonnenblumenkerne
Gewürze
Basilikum

Zubereitung:

- Sonnenblumenkerne in einer Pfanne anrösten und beiseite stellen
- Gurke waschen, längs halbieren und mit einem Teelöffel entkernen
- Tomaten klein würfeln
- Frischkäse in einer kleinen Schüssel mit Tomaten-Würfeln und den gerösteten Sonnenblumenkernen vermischen
- Mit Gewürzen abschmecken
- Basilikum in feine Streifen schneiden
- Tomaten-Frischkäse in die Gurkenhälften füllen, mit Basilikum bestreuen und servieren

Zucchini-Carpaccio mit Basilikum-Ricotta-Nocken

Zutaten:

3 Zucchini
30g eingelegte getrocknete Tomaten
40g grüne und schwarze Oliven
200g Ricotta
Rucola
30g Pinienkerne
3 EL Olivenöl
2 EL roter Balsamico-Essig
Gewürze
1 Spritzer Süßstoff
Basilikum

Zubereitung:

- Backofen auf 200°C vorheizen
- Zucchini längs in dünne Scheiben schneiden
- Zucchinischeiben auf ein Backblech geben, mit etwas Öl bestreichen und mit Salz und Pfeffer würzen
- Ca. 10 Min. backen, herausnehmen und abkühlen lassen
- In der Zwischenzeit die getrockneten Tomaten abtropfen lassen, danach fein schneiden
- Oliven und Basilikum fein hacken
- Tomaten, Oliven und Basilikum mit Ricotta in einer Schüssel verrühren, mit Salz, Pfeffer abschmecken
- Zucchinischeiben auf Teller geben
- Aus der Ricotta-Masse Nocken abstechen und zu den Zucchini auf die Teller geben
- Mit gerösteten Pinienkernen und Rucola bestreuen und garnieren

Auberginen-Cannelloni mit Ricotta

Zutaten:

2 Auberginen
4 Tomaten
70 g getrocknete Tomaten
100g Frischkäse
150 g Ricotta
1 rote Paprika
1 Zwiebel
1 Knoblauchzehe
1 EL Tomatenmark/Soße
1 TL Guarkernmehl
3 EL Olivenöl
1 Zitrone
Gewürze
Basilikum

Zubereitung:

- Paprika fein würfeln und Tomaten in Stücke schneiden
- Zwiebel und Knoblauch schälen und hacken
- 1 EL Öl in einer Pfanne erhitzen
- Paprikawürfel, Zwiebeln und Knoblauch darin bei mittlerer Hitze andünsten
- Tomaten, Tomatenmark- oder Soße und Zitronensaft dazugeben und alles 5 Minuten bei kleiner Hitze köcheln lassen
- Zitrone auspressen und dazu fügen
- Soße mit den Gewürzen und Süßstoff abschmecken
- In eine Auflaufform geben und beiseite stellen
- Auberginen längs in Scheiben schneiden
- Nun die Auberginenscheiben je auf beiden Seiten dünn mit dem übrigen Öl bestreichen, salzen und auf einem mit Back-

papier belegten Backblech verteilen und je Seite 2-4 Minuten hellbraun grillen oder backen (200°C)
- Danach herausnehmen und etwas abkühlen lassen
- Getrocknete Tomaten abtropfen lassen, fein würfeln und in eine Schüssel geben
- Dann mit Ziegenkäse, Ricotta und Gewürzen mischen
- Guarkernmehl vorsichtig darunter geben und gut auflösen
- Basilikum fein hacken und unter die Käsemischung rühren
- Nun jeweils 1 EL davon auf den Auberginenscheiben verteilen und diese vorsichtig aufrollen
- Röllchen jeweils mit der Naht nach unten nebeneinander auf die Soße in die Auflaufform setzen und bei 180°C ca. 15 Minuten backen
- Auberginen-Cannelloni und Soße auf Teller verteilen
- Nach Belieben mit Basilikumblättchen anrichten

MINI-Pizza Aubergine

Zutaten:

1 Aubergine
1 Kugel Mozzarella
2 EL Tomatensoße
Gewürze (z.B. auch Pizzagewürz, Salz, Pfeffer)

Zubereitung:

- Backofen auf 180°C vorheizen
- Auberginen in Scheiben schneiden und nebeneinander auf ein Backblech legen
- Ca. 5-6 Min. backen
- Herausnehmen und mit Tomatensoße bestreichen
- Gewürze darüber streuen
- Mozzarella in Scheiben schneiden und darüber verteilen (geht natürlich auch mit jedem andern Käse)
- Nochmals für ca. 10 Min. backen

Zucchini CHIPS

Zutaten:

1 Zucchini
1 EL Essig
1-2 EL Parmesan
Salz

Zubereitung:

- Backofen auf ca. 100°C vorheizen
- Zucchini in feine Streifen schneiden (oder „hobeln")
- Die Scheiben auf ein Küchentuch legen und leicht mit Salz bestreuen und immer wieder abtupfen, ca. 20 Min. trocknen lassen
- Anschließend alle Scheiben in eine Schüssel geben, Essig dazu geben und vorsichtig vermischen
- Nun die Zucchini-Scheiben einzeln auf dem Backblechen verteilen
- Parmesan und Salz darüber streuen (Funktioniert natürlich auch mit einem anderen Streu-Käse)
- Ca. 30-50 Min. backen/trocknen

Gefüllte Eier-Muffins

Zutaten:

6 Eier
Gemüse nach Wahl (z.B. Frühlingszwiebel, Paprika, Tomaten, oder auch Blumenkohl- oder Brokkoli-Röschen)
100g geriebenen Käse (man kann auch verschiedene Sorten mischen)
Gewürze
Evtl. etwas Mandelmilch oder Sahne

Zubereitung:

- Backofen auf ca. 220°C vorheizen
- Feste Muffin-Formen bereithalten (einfetten)
- Gemüse klein würfeln
- Eier verquirlen und schaumig schlagen
- Gewürze und ein klein wenig Mandelmilch oder Sahne hinzufügen
- Jede Muffin-Form anteilig mit dem geriebenen Käse füllen
- Darauf das klein geschnittene Gemüse einfüllen
- Nun die Eiermasse darauf geben
- Ca. 20 Min. backen

PIZZA-Röllchen

Zutaten:

3 große Eier
250g geriebener Käse
200g Quark
9 EL Tomatensoße
Gemüse nach Wahl (z.B. Frühlingszwiebeln, Tomaten)
Gewürze (Salz, Pfeffer, Pizzagewürz usw.)

Zubereitung:

- Backofen auf ca. 170°C vorheizen
- Eier schaumig aufschlagen
- Ca. 2/3 des Käses und den gesamten Quark, sowie Gewürze unterrühren
- Dann auf das Backblech schütten und alles gleichmäßig verteilen
- Etwa 15 Minuten im Ofen backen
- In der Zwischenzeit Gemüse putzen und würfeln
- Tomatensoße würzen
- Blech aus dem Ofen nehmen und etwas abkühlen lassen
- Dann gleichmäßig die Tomatensoße darauf streichen
- Darauf die Gemüsemischung und zum Schluss den Käse darüber streuen
- Ca. 8-10 Min. backen
- Aus dem Ofen nehmen und kurz abkühlen lassen
- Dann aus dem Teig vorsichtig eine Rolle formen und in Alufolie wickeln, schließen und „rollen"
- FERTIG – kann warm oder kalt serviert werden und in wunschgemäße Stücke geschnitten werden.

LACHS-SPINAT-Rolle

Zutaten:

200g gefrorener Blatt-Spinat
100g geriebener Käse
100g Frischkäse
200g Lachs
Salz

Zubereitung:

- Spinat auftauen lassen
- Backofen auf 200°C vorheizen
- Spinat mit dem geriebenen Käse in einer Schüssel vermischen, leicht salzen und auf ein Backblech schütten
- Gleichmäßig verstreichen
- Für ca. 15 Minuten backen
- Dann wieder aus dem Ofen nehmen, abkühlen lassen
- Mit dem Frischkäse bestreichen
- Anschließend mit dem Lachs belegen
- Nun alles zusammenrollen und mit Alufolie umwickeln, für ein paar Stunden in den Kühlschrank legen
- Ca. 1 Zentimeter dicke Scheiben von der Rolle schneiden

Lachs-Röllchen mit Kräuter-Frischkäse

Zutaten:

1 P. Räucherlachs
1 P. Kräuter-Frischkäse
4 hart gekochte Eier
Dunkler Balsamico-Essig mit Geschmack
Basilikum

Zubereitung:

- Lachs in entsprechende Streifen schneiden
- Mit Kräuter-Frischkäse bestreichen und einrollen
- Tomaten und Eier vierteln
- Mit Ei und Tomaten anrichten
- Mit Balsamico beträufeln und mit Basilikum garnieren

Gefüllte Champignons mit Feta

Zutaten:

Je 1 großen Champignon
Je 1 Stückchen Feta
Je 1 Schuss Sojasoße

Zubereitung:

- Champignons putzen, die Stile herausbrechen und mit einem scharfem Messer den Pilz von unten rund aushöhlen
- Feta klein würfeln
- Fetawürfel in die Champignons füllen
- Einen kleinen Schuss Sojasoße in jeden Pilz geben
- Bei 180°C kurz in den Backofen oder auf den Grill geben

Überbackenes Mozzarella-Fladenbrot

Zutaten:

3 Eier
100g Frischkäse
2 TL Flohsamenschalen-Pulver
2 TL Backpulver
100g geriebener Käse
1 Kugel Mozzarella
Gewürze

Zubereitung:

- Backofen auf 150°C vorheizen
- Mozzarella in Scheiben schneiden
- Eier trennen
- Eiweiße steif schlagen
- Eigelbe mit Frischkäse, Flohsamenschalenpulver und Backpulver verrühren und würzen
- Die Hälfte des geriebenen Käses unterheben
- Eiweiße unterheben
- Die Masse dann in der gewünschten Fladen-Menge auf dem Backblech verteilen
- Ca. 15 Minuten backen
- Aus dem Ofen nehmen
- Die Fladen mit Mozzarella belegen
- Nochmal etwa 10 Min. im Ofen backen

Hauptgerichte

Gnocchi

Zutaten:

250g Ricotta
1 Ei
2 Eigelbe
25g Mandelmehl
20g Weizenkleber
1 TL Salz
Pfeffer, Muskat

Zubereitung:

- Alle Zutaten zu einem glatten Teig verkneten und zugedeckt im Kühlschrank mindestens 30-40 Minuten ruhen lassen
- Kleine Teigröllchen jeweils in kochendes Wasser (gesalzen) geben
- Ca. 3 Minuten bei mittlerer Hitze ziehen lassen bis die Gnocchi an die Oberfläche steigen

(Dazu Soße nach Wahl)

LC – „Reis" (aus Blumenkohl)

Zutaten:

400g Blumenkohl
Etwas Butter
Gewürze (Salz, Muskat)
Gemüse-Brühe

Zubereitung:

- Blumenkohl putzen und klein hacken
- Dann den Blumenkohl raspeln (Küchenmaschine)
- Butter in einer Pfanne schmelzen und den geraspelten Blumenkohl hinzugeben und abschmecken
- Blumenkohlreis ca. 10-15 Minuten goldbraun braten

Als „Kartoffelpüree" funktioniert dies ebenfalls mit Zugabe von Sahne und wenn man es komplett püriert – oder siehe folgendes Rezept)

Püree

(= wie Kartoffelpüree – aber natürlich ohne Kartoffeln, sondern wie der Reis aus Blumenkohl – mit Frischkäse)

Zutaten:

600g Blumenkohl
150g Frischkäse
Sahne nach Geschmack
Gewürze (Salz, Pfeffer, Muskat)

Zubereitung:

- Blumenkohl klein teilen
- Ca. 40 Min. kochendem Wasser ca. 20 Min. kochen
- Abtropfen lassen und sofort pürieren
- Mit Frischkäse, Sahne und Gewürzen vermengen und nochmals pürieren
- Abschmecken

Kohlrabi-Pommes

Zutaten

1 großer frischer Kohlrabi
1-2 EL Olivenöl
Pommes-Gewürzsalz
Salz

Zubereitung:

- Backofen auf ca. 200°C mit Umluft vorheizen
- Kohlrabi schälen und in kleine Pommes Frites-ähnliche Streifen schneiden
- Alles in eine Schüssel geben und mit Olivenöl, Salz und Pommes-Gewürzsalz vermischen
- Auf dem Backblech verteilen
- Ca. 20 Minuten backen

Zucchini-Pommes

Zutaten

2 Zucchini
50g gemahlene Mandeln
50g geriebener Parmesan
1 Ei
Pommes Frites-Gewürz, Salz

Zubereitung:

- Backofen auf ca. 220°C vorheizen
- Zucchini in kleine Streifen (in Pommes Frites-ähnliche Stücke) schneiden
- Gemahlene Mandeln und geriebenen Parmesan, sowie Gewürze in einer Schüssel vermischen
- Wer panieren möchte: Das Ei in eine Schüssel geben und die Pommes Frites darin vermengen
- Dann aufs Backblech legen
- Ca. 10 Minuten im Ofen goldbraun backen

Zucchini-Nudeln

Zutaten:

4 Zucchini
1 Zwiebel
1 Dose Tomaten
1 Feta-Käse
Gewürze

Zubereitung:

- Die Zucchini mit einem Sparschäler längs in Streifen schälen. (So entstehen die "Bandnudeln" / oder mit der einem Spiralschneider in dünne Spaghetti-Nudeln schneiden).
- Die Zucchini-Streifen in ein Sieb geben und mit Salz bestreuen (abtropfen lassen)
- Zwiebel schälen und in kleine Stücke schneiden, Tomaten und Feta würfeln
- Die „Nudeln" nun mit einem Küchentuch trocken tupfen
- In einer Pfanne etwas Öl heiß werden lassen und die Zucchini-Nudeln mit den Zwiebeln anbraten
- Tomaten und Tomatensaft, sowie Feta dazu geben
- Würzen
- Kurz köcheln lassen
- Abgießen und genießen

Blumenkohl-Tofu-Kuchen

Zutaten:

150g Seidentofu
200g Quark
2 Eier
450g Blumenkohl
250g Tofu am Stück
1-2 Zwiebeln
1-2 Knoblauchzehen
2 EL Olivenöl
120g geriebener Käse
Pfeffer, Salz und Gewürze nach Belieben
Geriebenen Käse zum Bestreuen nach Belieben

Zubereitung:

- Seidentofu, Quark und Eier verquirlen
- Reibkäse und 1 EL Öl vermischen und würzen
- In der Zwischenzeit Tofu in einer Pfanne mit 1 EL Öl anbraten
- Gehackte Zwiebeln und Knoblauch dazu geben
- Tofu in Würfel schneiden und mitbraten
- Währenddessen Blumenkohl in kleine Röschen teilen und gut 10 Min. in Salzwasser kochen
- Dies alles zusammen zum Tofu-Zwiebel-Gemisch geben und mitbraten und würzen
- In eine Auflaufform füllen
- Mit der Seidentofu-Quark-Ei-Masse bedecken
- Mit geriebenem Käse bestreuen
- 180°C für 45-50 Min. backen.

Kürbis-Kuchen (herzhaft)

Zutaten:

½ Hokkaido-Kürbis mit Schale
200g frische Champignons (oder Dose)
8 Eier
1 Knoblauchzehe
1 große Zwiebel
3-4 EL Olivenöl
Gewürze

Zubereitung:

- Backofen vorheizen, 200°C
- Kürbis waschen, halbieren und entkernen, dann Würfel schneiden
- Knoblauch und Zwiebeln schälen und fein hacken
- Champignons putzen und in Scheiben schneiden
- Olivenöl in einer Pfanne erhitzen
- Kürbis unter Rühren ca. 5 Minuten anbraten
- Zwiebeln und Knoblauch dazugeben und glasig dünsten
- Champignons dazu geben, würzen und weitere 2 Min. braten
- In der Zwischenzeit die Eier in einer Schüssel verquirlen
- Eier mit in die Pfanne geben und ca. 4 Min. „stocken" lassen
- Das Ganze mit Pfanne in den Backofen geben und dort nochmals ca. 10 min. backen lassen
- Danach hinausnehmen, auf einen großen Teller/Platte stürzen und in Stücke schneiden und servieren

(Dazu passt ein knackiger Salat).

Zucchini-Mozzarella-Tarte

Zutaten:

2 Zucchini
2 Tomaten
120g geriebener Käse
2 Eier
Ein paar Cocktailtomaten
1 Kugel Mozzarella
2 EL Tomatensauce
1 TL Salz
Gewürze (z.B. Oregano, Pizzagewürz
Frisches Basilikum

Zubereitung:

- Zucchini waschen, raspeln
- In ein Geschirrtuch geben, fest einwickeln und auspressen (sodass möglichst viel Wasser heraus gedrückt wird)
- Raspel mit Eiern, geriebenem Käse vermischen
- Die Zucchinimasse auf ein mit Backpapier ausgelegtes Backblech streichen oder in eine Tarte-Form geben
- Mit Tomatensoße bestreichen
- 220°C , etwa 20 Minuten backen
- Mozzarella und Tomaten in Scheiben schneiden
- Nun den Boden herausnehmen und nach Belieben z. B. mit Mozzarella, Tomaten belegen
- Noch einmal 5-10 Minuten in den Ofen geben
- Mit Basilikum bestreuen

Pizza (Boden)

Zutaten:

2 Eier
70g Frischkäse
5 EL geriebener Käse
2 EL Mandelmehl
Gewürze (Salz, Pfeffer, evtl. Pizzagewürz und nach Belieben)
Belag-Zutaten nach Wahl (z.B. Gemüse, Rucola…)
Geriebener Käse zum Überbacken

Zubereitung:

- Ofen auf 200°C vorheizen
- Eier verrühren
- Die anderen Zutaten hinzufügen und vermischen
- Gewürze nach Belieben
- Den Teig in eine Springform geben
- 220°C, ca. 15 - 20 Minuten
- Herausnehmen und mit Zutaten nach Belieben belegen
- Weitere 10-15 Min. backen

Brokkoli-Käse-Röstis

Zutaten:

1/2 Kopf Brokkoli
90g Emmentaler
150g Quark
1 Ei
Gewürze
1 EL Pinienkerne

Zubereitung:

- Brokkoli raspeln (Küchenmaschine)
- Ei verrühren
- Quark und Gewürze dazugeben
- Nun restliche Zutaten hinzufügen und verrühren
- Kleine Puffer auf ein Backblech setzen
- 170°C, ca. 30 Min. backen

(Dazu passt beispielsweise Sauerrahm und Salat.
Und das Rezept ist z.B. mit Blumenkohl oder Karotten austauschbar)

Gemüsepfanne

Zutaten:

3 Tomaten
½ Aubergine
1 rote Paprika
1 gelbe Paprika
1 Zucchini
1 Dose oder frische Champignons
250g Kräuterfrischkäse
Gewürze

Zubereitung:

- Gemüse putzen und in kleine Stücke schneiden
- Öl in einer Pfanne heiß werden lassen
- Gemüse (außer Tomaten) nach und nach anbraten und würzen
- Frischkäse zum Gemüse geben und köcheln lassen, bis der Käse geschmolzen ist
- Zum Schluss Tomaten dazu geben und köcheln lassen, nochmals abschmecken

(Dazu kann man auch noch gewürfelten Tofu geben und evtl. zu LC-Reis servieren)

Zucchini-Spaghetti mit frischer Tomatensoße

Zutaten:

3 Zucchini
4 Tomaten
1 Dose Pilze (oder frisch)
1 Stück Tofu (gewürfelt)
50g Pinienkerne
1 EL Pesto
2 EL Frischkäse
Gewürze und frische Kräuter
Olivenöl zum Anbraten
100g geriebener Parmesan

Zubereitung:

- Zucchini in Streifen schneiden
- Für die Soße Tofu, Tomaten und Pilze in Öl andünsten
- Pesto, Frischkäse und Gewürze dazugeben. Alles zusammen einköcheln lassen
- Dann die Zucchini-Streifen hinzugeben und nochmals für 10-15 Minuten ziehen lassen
- Servieren und mit Parmesan bestreuen

(Man kann das Gericht auch noch mit Sahne verfeinern. Um einen asiatischen Geschmack hineinzubekommen, kann man entsprechende Gewürze verwenden – das schmeckt ebenfalls sehr lecker).

Tomaten-Basilikum-Suppe

Zutaten:

250ml Gemüsebrühe
700g Tomaten
25g Butter
1 Knoblauchzehe
2 Schalotten
Frisches Basilikum
Gewürze
Etwas Xucker oder flüssigen Süßstoff

Zubereitung:

- Vorbereitung: Die Tomatenhaut am Stielansatz kreuzweise einritzen und kurz in kochendes Wasser tauchen und dann mit kaltem Wasser abschrecken
- Dann die Tomatenhaut abziehen
- Die geschälten Tomaten würfeln
- Einige Basilikumblätter klein hacken
- Knoblauch schälen und fein hacken
- Schalotte putzen und ebenfalls klein hacken
- Butter in einem Topf schmelzen, Schalotten- und Knoblauchwürfel zugeben
- Tomaten dazu geben
- Mit Gemüsebrühe ablöschen und alles zusammen dünsten
- Klein gehacktes Basilikum dazugeben
- Suppe pürieren
- Abschmecken (etwas flüssigen Süßstoff oder Xucker hinzu)
- Servieren und mit Basilikumblättern garnieren

Flammkuchen

Zutaten:

3 Eier
300g Blumenkohl
250g geriebener Käse
1 Becher saure Sahne oder Crème fraîche
1-2 Zwiebeln
1 rote Paprika
1 Dose (oder frische) Pilze
Gewürze

Zubereitung:

Boden:
- Eier schaumig schlagen
- 2/3 des geriebenen Käses hinzugeben, würzen
- Den rohen Blumenkohl fein raspeln
- Die Zutaten vermischen
- Teig in eine Springform oder Tarte-Form füllen
- 160°C, 25 Minuten backen
- Herausnehmen

Belag:
- Saure Sahne/ Creme fraîche mit dem restlichen Käse vermischen, würzen
- Zwiebeln in dünne Ringe schneiden
- Paprika in feine Streifen schneiden oder würfeln
- Den vorgebackenen Boden mit der Creme-Fraîche-Mischung bestreichen
- Mit Zwiebeln, Pilzen und Paprika belegen
- Nochmals 15 Minuten im Ofen backen

(Dieses Rezept ist natürlich für den Belag absolut nach Ihrem Geschmack abwandelbar!)

Herzhaftes Omelette

Zutaten:

3 Eier
2 EL geriebener Käse
1 EL Proteinpulver neutral
1 Paprikaschote
1 Zwiebel
Gewürze nach Wahl
Kräuter
Öl zum Braten

Zubereitung:

- Eier mit einer Prise Salz schaumig schlagen
- Proteinpulver hinzufügen und nochmals gut verrühren
- Würzen
- Kräuter hacken und dazugeben
- Gemüse würfeln und hinzufügen
- Käse hinzufügen
- In eine Pfanne mit Öl geben und ausbacken

(Dazu passt ein knackiger Salat).

Süße Pfannkuchen

Zutaten:

3 Eier
Flüssigen Süßstoff oder Xucker nach Belieben
150g gemahlene Mandeln
3 EL Proteinpulver mit Geschmack nach Wahl

Nach Bedarf und Belieben:
Gewürze, wie Zimt
Evtl. etwas Mandelmilch
Salz
Kokos-Öl zum Ausbacken

Zubereitung:

- Eier sehr schaumig aufschlagen
- Süße, Mandeln, Proteinpulver und Salz (und evtl. Mandelmilch) dazu geben und gut vermischen
- Esslöffelweise den Teig in eine heiße, mit Kokos-Öl gefettete Pfanne geben und von beiden Seiten goldbraun braten

(Die fertigen Pfannkuchen können nach Belieben noch mit etwas Xucker und Zimt bestreut werden und mit Sirup beträufelt werden. Dazu passt Obst mit Joghurt/Quark/Schlagsahne).

Ingwer-Chili-Karotten mit Camembert

Zutaten:

4 mittelgroße Karotten
1 Stück Ingwerwurzel (Größe nach Belieben)
1 rote Chilischote
1 Knoblauchzehe
1 Zweig Rosmarin
1 Limette
1 EL Olivenöl
Gewürze
2 EL Balsamico-Essig
½ Bund Petersilie
60 g Camembert

Zubereitung:

- Karotten schälen, putzen und der Länge nach vierteln
- Ingwer und Knoblauch schälen und kein hacken
- Chilischote halbieren, entkernen, klein hacken
- Vom Rosmarin die Nadeln abzupfen
- Limette ausdrücken und den Saft bereit stellen
- Öl in einer Pfanne erhitzen
- Ingwer, Chili, Knoblauch und Rosmarin ca. 2 Min. in die Pfanne geben
- Nun Karotten und den Limettensaft zugeben
- Unter Rühren ca. 12 Min. garen
- In der Zwischenzeit Petersilie fein hacken
- Den Camembert in Scheiben schneiden und dekorativ auf Tellern anrichten
- Pfannengemüse darüber geben, mit der Petersilie bestreuen und servieren

(Dazu schmeckt lecker ein LC-Brötchen mit Butter).

Frischkäsebällchen auf Radicchio-Salat

Zutaten:

50g Quark
50g Frischkäse
250g Blattspinat (frisch oder eingefroren)
1 Radicchio-Salat
3 kleine Tomaten
1 Zitrone
Gewürze
Basilikum
1 EL Olivenöl
2 EL roten Balsamico-Essig
1 Spritzer Süßstoff

Zubereitung:

- Spinat auftauen / putzen und in Stücke schneiden
- Radicchio in schmale Streifen schneiden
- Tomaten klein scheiden
- Alles in eine Salatschüssel geben
- Zitrone auspressen
- Frischkäse und Quark in eine Schüssel geben, Zitronensaft hinzugießen und alles vermengen
- Aus der Frischkäsemasse kleine Bällchen formen
- Aus Olivenöl, Balsamico-Essig, Süßstoff und Gewürzen eine Soße herstellen und über den Salat geben: vermischen
- Darauf die Frischkäse-Bällchen servieren und mit Basilikum verzieren

Rührei mit Sojasprossen (asiatisch)

Zutaten:

4 Eier
3 EL Kokosmilch
1 Glas Soja-Sprossen
1 Stück Ingwer
1 Zwiebel
Olivenöl
Asiatische Gewürze (Evtl. „Fertig-Packung asiatische Kräuter")

Zubereitung:

- Eier und Kokosmilch verquirlen und mit Salz würzen
- Ingwer und Zwiebeln schälen, würfeln und unter die Eiermasse mischen
- Öl in einer Pfanne erhitzen
- Eier-Masse hinein gießen und umrühren
- In der Zwischenzeit Soja- Sprossen in ein Sieb geben, gut abtropfen lassen und zur Eier-Masse hinzufügen, unterrühren
- Kurz stocken lassen und servieren

(Dazu schmeckt Soja-Soße, ein Salat und/oder LC-Brötchen)

Artischocken-Tortilla

Zutaten:

3 Eier
100 ml Mandelmilch
100g Schafs- oder Ziegenkäse (austauschbar mit jedem anderen Käse)
1 große Dose Artischockenherzen
2-3 Tomaten
2 kleine Zwiebeln
1 Knoblauchzehe
1 TL Tomatenmark
Gewürze
1-2 TL Olivenöl

Zubereitung:

- Eier, Mandelmilch, Gewürze und Tomatenmark verquirlen
- Artischockenherzen in ein Sieb geben, gut abtropfen lassen und zerkleinern
- Tomaten in grobe Stücke schneiden
- Zwiebeln und Knoblauch schälen und in feine Würfel schneiden
- Öl in einer Pfanne erhitzen
- Zwiebeln und Knoblauch darin andünsten und Tomaten und Artischockenherzen dazugeben
- Etwas köcheln lassen und dann die Eiermasse darüber gießen – stocken lassen
- In der Zwischenzeit Käse in kleine Würfel schneiden
- Nun die „Tortilla" mit einem Pfannenwender vorsichtig wenden, die Käsewürfel darüber streuen und kurz anschmelzen lassen
- Vorsichtig aus der Pfanne heben und in Stücke schneiden

(Dazu passt LC-Brot und Salat).

Gebackene Spinatnester mit Ei

Zutaten:

1 große P. gefrorener Blattspinat oder ca. 1000g frischer Blattspinat
4 Eier
1 Zwiebel
1 Knoblauchzehe
2 EL Olivenöl
Gewürze (u.A. Muskatnuss)

Zubereitung:

- Backofen auf ca. 180°C vorheizen
- Spinat auftauen, abtropfen
- Zwiebel und Knoblauch schälen und sehr fein würfeln
- Öl in einem Kochtopf erhitzen
- Zwiebel und Knoblauch darin glasig andünsten
- Spinat dazugeben und unterrühren, mit Gewürzen und Muskat abschmecken und kurz dünsten
- Von der Kochstelle nehmen, etwas abkühlen lassen
- Spinat in Portionen aufteilen, zu festen Kugeln formen (dabei über einer Schüssel gut abtropfen lassen)
- Spinatkugeln auf ein Backblech setzen und etwas flach drücken
- Dann in der Mitte jeweils eine Vertiefung formen
- Eier einzeln aufschlagen und jeweils eins in jede Vertiefung gleiten lassen
- Spinatnester im Backofen bei 180°C, 15-20 Min. backen

Pilz-Omelett-Röllchen

Zutaten:

150g Pilze
3 Eier
1-2 TL Sojasauce
2 Frühlingszwiebeln
1 Stück Ingwer nach Belieben
1 EL Sesamkörner
1 EL Sesamöl (Rapsöl ist genauso möglich)
Schnittlauch

Zubereitung:

- Öl in Pfanne erhitzen und Sesam darin rösten (die Hälfte davon zur Seite stellen)
- In der Zwischenzeit Pilze putzen, in feine Scheiben schneiden
- Frühlingszwiebeln in feine Ringe schneiden
- Ingwer schälen und fein hacken
- Eier in einer Schüssel mit der Sojasauce und 2 EL Wasser verquirlen
- In einer anderen Pfanne das Sesamöl erhitzen und die Pilze darin bei starker Hitze anbraten
- Frühlingszwiebeln und Ingwer zufügen und kurz mitköcheln
- Nun die Eier-Masse in die Pfanne zum gerösteten Sesam dazugeben und bei mittlerer Hitze stocken lassen
- Das Omelett vorsichtig aus der Pfanne heben und etwas abkühlen lassen
- Dann die Pilz-Masse darauf verteilen und vorsichtig aufrollen, in dicke Scheiben schneiden und mit dem restlichen gerösteten Sesam bestreuen und mit Schnittlauch garnieren

(Dazu schmeckt Salat, LC-Brot).

Desserts / Süßes

Schoko-Brotaufstrich

Zutaten:

250g Seidentofu
25g Kakaopulver
20-30g Proteinpulver (mit Geschmack, z.B.: Cookies, Vanille)
1 TL Guarkernmehl
½ Fläschchen Vanillearoma
2-3 TL Flüssig-Süßstoff
1 Spritzer Zitronensaft oder Limettensaft

Zubereitung:

- Seidentofu noch einmal gut aufschlagen
- Süßstoff, Aroma und Zitronensaft dazu geben
- Proteinpulver, Kakao und Guarkernmehl peu a peu unterrühren.

(Auch als Soße für andere Süßspeisen zu verwenden)

Kokosbällchen

Zutaten:

140g Kokosraspel
200 ml Kokosmilch
100g gemahlene Mandeln
60g Proteinpulver mit Geschmack (z. B. Vanille, Toffee, Kokos)

Zubereitung:

- Kokosmilch, Mandeln, 100g Kokosraspel und Proteinpulver in einer Schüssel miteinander vermischen
- 1 Stunde lang abgedeckt im Kühlschrank aufbewahren
- Wenn der Teig fest ist zu Kugeln formen
- Anschließend in den restlichen Kokosflocken wälzen und wieder kühl stellen. Vor dem Verzehr etwas eine halbe Stunde vorher aus dem Kühlschrank nehmen.

Schoko-Mousse

Zutaten:

250g Sahne
1 EL gemahlene Mandeln
1 TL Kakaopulver
1 EL Proteinpulver „Schoko"
1 TL Kokosöl
Ein Schuss Kokosmilch
Süße nach Belieben

Zubereitung:

- Die Sahne steif schlagen
- Alle anderen Zutaten gut verrühren
- Sahne vorsichtig unterheben – Fertig!

Schokoladen-Mandel-Pralinen

Zutaten:

2 EL Kokosöl
2 EL Mandelmus
200g gemahlene Mandeln
1 EL Back-Kakao
2 TL Süße nach Belieben
1 Fläschchen Vanillearoma
Kokosraspel oder Kakao zum Ausrollen

Zubereitung:

- Kokosöl in der Mikrowelle schmelzen
- Kakao einrühren
- Mandeln, Süße und Vanille mischen
- Kokosöl zur Mandel-Mischung geben und gut vermengen
- Die Masse zu Kugeln formen
- Nach Belieben noch in Kokosraspeln oder Kakao wälzen
- In den Kühlschrank stellen

Probieren Sie aus – Geschmack und Zutaten ☺ - z.B. Zimt, oder Kokos-Flavour-Drops usw.

"Marzipan"-Kugeln

Zutaten:

1 gehäufter EL Mandelmus
100g Mandelmehl
2-3 EL Xucker (je nach Geschmack mehr oder weniger)
2 EL Rosenwasser (Apotheke)

Zubereitung:

- Rosenwasser und Xucker mischen
- Mandelmus dazugeben und verrühren
- Mandelmehl hinzufügen und nochmals verrühren
- Aus der Masse Kugeln formen und kühlen

Chia-Schoko-Pudding

Zutaten:

200ml Mandelmilch
50ml Kokosmilch
45g Chia-Samen
1 TL Eiweißpulver mit Geschmack nach Wahl
1 gehäufter EL Kakaopulver
Flüssigen Süßstoff nach Belieben

Zubereitung:

- Alle flüssigen Zutaten aufschlagen
- Die anderen Zutaten getrennt verrühren
- Alles mischen und mindestens eine viertel Stunde kühl stellen, damit es eindickt (noch besser über Nacht)

Einfacher Pudding

Zutaten:

500ml Mandelmilch
1 ½ TL Guarkernmehl
Flüssigen Süßstoff nach Belieben
1 EL Kakaopulver
1 Vanillearoma (oder Vanilleschote)

Zubereitung:

- Die Mandelmilch in einen Kochtopf geben und vorsichtig das Guarkernmehl einrieseln lassen, bzw. sehr schnell mit einem Schneebesen verrühren, damit es nicht klumpt.
- Gut 10 Minuten quellen lassen
- Süßstoff, Kakao und Vanillearoma hinzu fügen
- Das Ganze langsam erhitzen und dabei ständig rühren

(Der Pudding kann warm oder kalt genossen werden und beispielsweise mit Sirup oder anderen süßen Soßen, sowie Zimt verfeinert werden. Dazu schmeckt frisches Obst.)

Eis-Pralinen

Zutaten:

1-2 „Eiswürfel"-Formen aus Silikon

50g sehr dunkle Schokolade
150g Naturjoghurt
Etwas Eiweißpulver (nach Wahl – ich habe "Cookies&Cream" genommen)
Xucker nach Belieben
Einige Früchte (z.B. Himbeeren, Erdbeeren…)

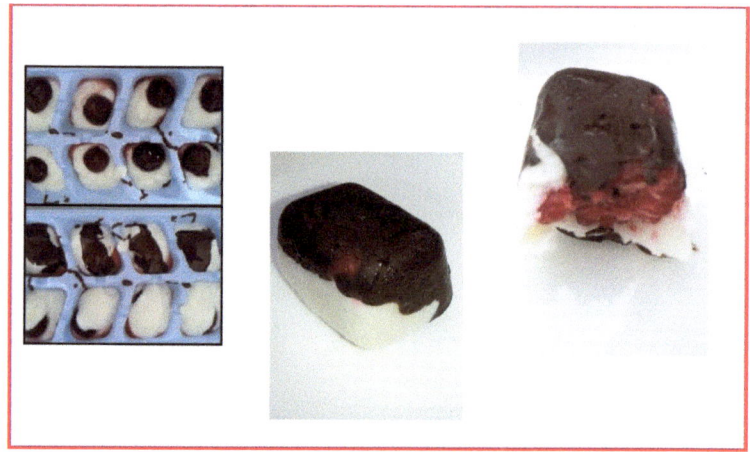

Zubereitung:

- Joghurt, Eiweißpulver, Xucker verrühren.
- Schokolade schmelzen (Wasserbad oder Mikrowelle)
- Die Hälfte der geschmolzenen Schokolade mit einem Teelöffel in die einzelnen Fächer der Eiswürfelformen füllen
- Angerührte Joghurt-Creme darüber streichen

- Dann eine Frucht hineinsetzen
- Noch einmal Joghurt-Creme drüber geben
- Zum Schluss noch einmal die restliche Hälfte der geschmolzenen Schokolade darüber geben: FERTIG!

Nun entweder ab in die Gefriertruhe – dann ist es ein sehr leckeres Eiskonfekt , oder ab in den Kühlschrank und einige Zeit kühlen und fest werden lassen – dann ist es eine leckere Praline

Schoko-Pancakes

Zutaten:

2 Eier
1 EL Xucker
1 EL Quark
3 EL Proteinpulver (Schoko)
1 TL Kakaopulver
Etwas Mandel- oder Soja-Milch
Kokos-Öl zum Ausbacken

Zubereitung:

- Eier kräftig aufschlagen
- Proteinpulver, Xucker und Quark dazugeben und alles vermischen
- (Falls der Teig zu fest ist, etwas Mandelmilch hinzugeben)
- Kleine Pancakes eingießen und in der Pfanne mit Kokos-Öl ausbacken

(Dazu schmecken Beeren und z.B. Joghurt/Quark/Schlagsahne, auch mit LC-Ahornsirup beträufelt.

Natürlich ist das Rezept mit einem geschmacklich anderen Eiweiß-Pulver abwandelbar)

Himbeer-Eis

Zutaten:

100g gefrorene Himbeeren
100g Joghurt
1 EL Proteinpulver mit Geschmack nach Wahl
Xucker nach Belieben

Zubereitung:

- Alle Zutaten mit dem Stabmixer mischen
- Fertig!

Kuchen und Gebäck

SO kann eine Low-Carb Kaffee-Tafel aussehen ☺

Rezepte im Buch
„Low Carb für UNTERWEGS"

In meinem LC-Buch „LC für UNTERWEGS" habe ich bereits einige Kuchen vorgestellt, da Kuchen und Gebäck immer sehr gut transportierbar sind – somit also ideal für unterwegs.

Karotten-Kuchen

Zutaten:

6 Eier
400g Xucker
250g geriebene Karotten
300g gemahlene Mandeln
50g Kokos oder Mandel-Mehl
2 EL Flohsamenschalen
1 P. Backpulver
1 Zitrone oder Aroma
1 Fläschchen Bittermandelaroma

Zubereitung:

- Karotten reiben
- Eier sehr schaumig rühren
- Xucker einrieseln lassen
- Die anderen Zutaten nach und nach hinzufügen
- Zum Schluss die geriebenen Karotten hineinmischen
- Springform (26 cm Durchmesser)
- Umluft-Ofen 165°C
- Circa 40-50 Minuten

WICHTIG: Der Kuchen schmeckt besser, wenn er circa 2 Tage alt ist - also ideal zum Vorbereiten für eine Kaffee-Tafel! ☺

Einfacher Tortenboden

Zutaten:

2 Eier, getrennt
2 EL flüssiger Süßstoff oder Xucker
100g gemahlene Mandeln
1 P. Backpulver

Zubereitung:

- Eier trennen
- Eiweiße steif schlagen
- Eigelbe mit Mandeln, Süßstoff und Backpulver vermischen
- Eiweiße unterheben
- Teig in Kuchenform geben
- Umluft-Ofen 175°
- 25 Minuten backen

Dieser Tortenboden kann Dank Ihrer Fantasie völlig kreativ belegt werden: Beeren, Sahne, Quark/Joghurt. Viel Freude damit!

Kokos-Schoko-Kuchen

Zutaten:

5 Eier
2 Tassen Xucker
1 Tasse Öl
¾ Tasse Kakao
1,5 Tassen Kokosflocken
1,5 Tassen gemahlene Mandeln oder Haselnüsse
2 Tassen Mandelmehl
1 P. Backpulver
Ganz zum Schluss: 1 Tasse Sprudel

Zubereitung:

- Eier sehr cremig aufschlagen
- Xucker und Öl hinzugeben und nochmals verquirlen
- Dann nacheinander alle Zutaten hinzufügen und verquirlen

- Bei 170°C auf mittlerer Schiene
- Ca. 65 Min. backen

SCHOKO-Käsekuchen mit Himbeeren

Zutaten:

2 Eier
60g Xucker
600g Frischkäse
200g Joghurt
35g Kakaopulver
150g frische Himbeeren
2 EL Xucker-Schokodrops
25g dunkle geschmolzene Schokolade zum Überziehen

Zubereitung:

- Backofen auf 140°C vorheizen
- Eier mit Xucker schaumig schlagen
- Danach Frischkäse, Joghurt, Kakaopulver unterschlagen
- Nun die Schoko-Drops und danach die Himbeeren unterheben
- Alles in eine kleine Springform füllen (ca. 18 cm)
- 40 bis 50 Minuten backen
- Nach dem Abkühlen kann man den Kuchen noch mit der geschmolzenen Schokolade überziehen und mit ein paar Himbeeren garnieren

Johannisbeer-Quark-Kuchen

Zutaten:

6 Eier
4-5 EL Xucker
250g Magerquark
200g Frischkäse
200g körniger Frischkäse
75g Proteinpulver mit Geschmack nach Wahl (z.B. Vanille, Toffee)
250g gemahlene Mandeln
1 P. Backpulver
100g frische Johannisbeeren

Zubereitung:

- Backofen auf ca. 200°C vorheizen

- **Boden**: 3 Eier trennen, (Eigelbe aufheben), Eiweiße steif schlagen
- Ein ganzes Ei schaumig schlagen, 2 EL Xucker hinzugeben
- Gemahlene Mandeln und Backpulver hinzufügen
- Nun die 3 steif geschlagenen Eiweiße unterheben
- In eine Springform füllen
- Ca. 15 Min. backen, danach herausnehmen und abkühlen lassen

- In der Zwischenzeit die **Quarkfüllung** vorbereiten:
- Die drei übrigen Eigelbe in eine Schüssel geben
- Die zwei letzten Eier trennen und das Eiweiß steif schlagen (die beiden nun übrigen Eigelbe werden für den Kuchen nicht mehr benötigt)
- Quark und Frischkäse, restlichen Xucker, Proteinpulver und Backpulver verrühren, das steif geschlagene Eiweiß unterheben

- Ein Teil der Johannisbeeren zum Schluss vorsichtig unterheben
- Ca. 30 Minuten backen
- Aus dem Ofen nehmen und abkühlen lassen
- Mit Puder-Xucker und den restlichen Johannisbeeren verzieren

(Schmeckt auch sehr lecker mit Blaubeeren!).

Marmorierter Schoko-Kuchen

Zutaten:

2 Eier
5 EL Xucker
1 Fläschchen Vanille-Aroma
1 P. Speisequark
1 P. Frischkäse
1 P. Mascarpone
1 P. Vanillepudding-Pulver
2 EL Backkakao
3-5 EL Mandelmilch
1 EL Xucker Schoko-Drops

Zubereitung:

- Backofen auf ca. 180°C vorheizen
- Eier und Xucker schaumig aufschlagen
- Alle anderen Zutaten (bis auf Kakao) dazufügen und weiter verrühren
- 2/3 des Teiges in eine Springform füllen
- Den Rest vorsichtig mit dem Kakao und der Milch (nach und nach – je nach Konsistenz) vermischen
- Auf den hellen Teig gießen und mit einer Gabel spiralförmig vermengen
- Ca. 30 Minuten im Ofen backen

Mandel-Torte mit frischem Obst

Zutaten:

3 Eier
90g Xucker
250g Quark
250g Mascarpone
2 EL LC-Eierlikör (Oder Flavour-Drops)
100g gemahlene Mandeln
1 P. Backpulver
½ TL Flüssigsüße
150g frisches Obst (z.B. Himbeeren)

Zubereitung:

- Backofen auf ca. 180°C vorheizen
- Eier mit Xucker und ein paar Flavour-Drops schaumig schlagen
- Mandeln und Backpulver unterrühren
- Alles in eine kleine Springform füllen
- Ca. 35-40 Minuten backen

- In der Zwischenzeit Quark, Mascarpone, LC-Eierlikör und etwas flüssigen Süßstoff vermischen und kühl stellen
- Wenn der Boden abgekühlt ist, die Quarkmasse darauf verteilen und mit Himbeeren oder anderen Früchten nach Wahl verzieren.

(Man kann den Boden auch teilen, so dass eine 2-stöckige Torte entsteht – bei gleichen Rezeptzutaten)

Hier eine Variante mit Himbeeren:

BROT / Brötchen

Kürbiskern-Brötchen

Zutaten:

4 Eier
1 Packung Quark
30g Eiweißpulver neutral
30g Kokosmehl
30g geschroteten Leinsamen
50g Haferkleie
30g Flohsamenschalen
1 TL Guarkernmehl
2 TL Backpulver
40g Kürbiskerne
1 gehäuften TL Salz (nach Belieben noch andere Gewürze hinzufügen)

Zubereitung:

- Eier schaumig rühren
- Quark hinzufügen
- Alle trockenen Zutaten mischen und nach und nach unter mischen
- Aus dem Teig Brötchen formen und auf ein Backblech setzen

- Umluft-Ofen 200°C
- Ca. 30 Minuten backen

Einfache luftige Brötchen

Zutaten:

4 Eiweiß
90g Öl
40g Proteinpulver
45g LC-Mehl
25g geschrotete Leinsamen
1 TL Guarkernmehl
Salz/Gewürze nach Wahl
Etwas Wasser

Zubereitung:

- Eier trennen (Eigelbe aufbewahren, anderweitig verwenden)
- Das Eiweiß zu Eischnee schlagen
- Alle trockenen Zutaten mischen
- Das Öl und etwas Wasser hinzugeben und Eischnee unterheben
- Aus dem Teig kleine Brötchen formen und auf das Backblech setzen
- Ca. 30-40 Min. bei 200°C backen

Helle Brötchen

Zutaten:

2 große Eier
50g Proteinpulver (neutraler Geschmack)
70g Haferkleie
50g LC-Mehl (z.B. Mandelmehl, Kürbiskernmehl)
25g Flohsamenschalen
2 gehäufte TL Backpulver
Salz/Gewürze nach Wahl
200ml Sprudel
Etwas Sesam

Zubereitung:

- Backofen vorheizen: 180°C
- Eier schaumig rühren
- Die trockenen Zutaten in einer extra Schüssel vermengen
- Zu den Eiern schütten und vermengen
- Zum Schluss den Sprudel untermischen
- 5-10 Min. quellen lassen
- Brötchen formen und aufs Backblech legen (dabei kreuzförmig leicht einschneiden)
- Sesam über die Brötchen streuen
- Bei 180°C ca. 25 Min. backen

Abwandelbar als süße Brötchen: anstatt dem o.g. Mehl: Kokosmehl verwenden (aber nur 40g), Gewürze weglassen und das Proteinpulver mit Geschmack wählen - ideal mit LC-Marmelade!

Allround-Brot

Zutaten:

5 Eier
500g Quark
200g Haferkleie
120g geschroteter Leinsamen
1 kleiner Apfel
5 EL Sonnenblumenkerne
2 P Backpulver
1 TL Salz und Gewürze nach Wahl

Zubereitung:

- Backofen auf 180°C vorheizen
- Apfel fein reiben
- Eier schaumig schlagen
- Quark, geriebenen Apfel und Salz dazu verrühren
- Danach Haferkleie, Leinsamen, Sonnenblumenkerne und Backpulver hinzufügen
- Den Teig in eine Kastenform füllen
- 50 bis 60 Minuten backen

Sonnenblumenkern-Brot

Zutaten:

2 Eier
250g Magerquark
50g Proteinpulver (neutraler Geschmack)
60g geschroteter Leinsamen
50g Haferkleie
60g Sonnenblumenkerne
2 TL Backpulver
1 TL Salz

Zubereitung:

- Den Backofen auf 200°C vorheizen.
- Eier schaumig schlagen
- Quark, Eiweißpulver dazugeben und nochmals kräftig verrühren
- Die restlichen Zutaten hinzufügen und vermengen
- Den Teig 10 Minuten quellen lassen
- Den Teig in eine Kastenform füllen
- Das Brot einschneiden und mit Sonnenblumenkernen bestreuen
- Ca. 40 Minuten backen

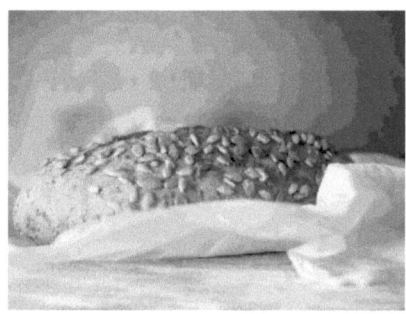

Eiweißbrot

Zutaten:

4 Eier
300g Quark
50g Mandelmehl
125g geschrotete Leinsamen
20g gemischte Körner
80g Weizenkleber
1 P. Backpulver
Salz und Gewürze (z.B. Brotgewürz, Pizzagewürz, Muskat...)

Zubereitung:

- Eier schaumig rühren
- Quark hinzufügen und nochmals verquirlen
- Alle trockenen Zutaten vermengen und dazu fügen und verrühren

- In eine Kastenform füllen und evtl. nochmals mit Körnern bestreuen.

- Backofen 175°C
- Ca. 50 Minuten

Ich bewahre das Brot im Kühlschrank auf.

Chia-Samen-Brot

Zutaten:

2 Eier
100g Magerquark
80g geriebener Käse
1 EL Olivenöl
1 EL Chia-Samen
25g Kokosmehl
75g gemahlene Mandeln
2 TL Natron
Salz/Gewürze nach Wahl

Zubereitung:

- Backofen auf 180°C vorheizen
- Eier schaumig schlagen
- Öl, Quark und geriebenen Käse hinzugeben und verrühren
- Die restlichen Zutaten dazu geben und vermengen
- Teig in eine Kastenform füllen (oder einen Brotlaib formen und auf ein Backblech legen)
- Etwas einschneiden
- Ca. 40 Min. backen

Kleines Mikrowellen-Tassen-Brot

Zutaten:

1 Ei
50g Quark
1 geh. TL Chia-Samen
10g geschroteter Leinsamen
10g Haferkleie
10g Kürbiskernmehl
1 TL Backpulver
Salz und Gewürze nach Wahl

Zubereitung:

- Das Ei schaumig schlagen
- Nach und nach alle Zutaten hinzufügen
- Den Teig in eine große Tasse (oder Müslischale) füllen
- Mikrowelle 600 Watt
- Ca. 4 Minuten

Das Brot wird in der Mikrowelle natürlich nicht knusprig, aber es hat eine feste Konsistenz und geht wirklich ruckzuck. ☺
Ich habe es dann auf einen Teller gestürzt und in Scheiben geschnitten.
Ideal für den kleinen schnellen Hunger zwischendurch.
Man kann das Brot, bzw. die einzelnen Scheiben, noch toasten – dann wird es zumindest etwas knusprig.

PS: Ich habe die Zutaten auch schon verdoppelt und somit ein größeres Brot „gebacken!".

LOW CARB für UNTERWEGS

Low Carb muss nicht kompliziert sein. Aus eigenem Interesse hat die Autorin schnelle, einfache und sinnvolle Rezepte für „UNTERWEGS" zusammengestellt. Praktisch und auch für den „kleinen Hunger zwischendurch" mit Tipps und vielen bunten Fotos zu den Rezepten.

Essen für unterwegs kann etwas sein, das man „aus der Hand" essen möchte, oder sich in einem Behälter plus Besteck mitnimmt.

Beide Rezept-Varianten sind hier vertreten.

LOW CARB für Eilige – hier werden Sie fündig!

Taschenbuch: 84 Seiten (mit farbigen Fotos zu den Rezepten)
Heike Führ
Verlag: Books on Demand; Auflage: 1 (15. August 2016)
ISBN-13: 978-3738617139
6,99€

HALLO MS

"MS: 2 Buchstaben, die eine vermeintlich geordnete Welt von heute auf morgen auf den Kopf stellen". So beschreibt Heike Führ den Tag ihrer Diagnosestellung. Wie sie ihren Alltag mit einer solch tückischen und bis lang noch unheilbaren Krankheit meistert, beschreibt sie vor allem mit viel Humor und reflektiert in einer gelungenen Mischung aus Problematisierung und Relativierung. Nie werden die Herausforderungen der Krankheit geleugnet und doch triumphiert immer ihr optimistischer Kampfgeist und zeigt eindrucksvoll und selbstkritisch ihren eigenen Weg der Lebensfreude. Die Autorin weigert sich zu resignieren und erzählt ihre kleinen Alltagsfreuden, gespickt mit den Unwägbarkeiten, die durch ihre MS-Symptome unweigerlich dabei sind. "Hallo MS": nicht mehr, nicht weniger. Ein Buch, das Mut macht und Hoffnung weckt, das Anteilnahme authentisch vermittelt, Hilfestellung für den Alltag gibt und sowohl Betroffenen, als auch Angehörigen einen Einblick in die emotionale Verfassung eines chronisch kranken Menschen bietet, Ängste und Sorgen aufzeigt, aber dabei immer nach vorne schaut und niemals vor Selbstmitleid trieft. Kurzweilig und sehr alltagsnah - somit für Jedermann interessant.

242 Seiten, ISBN: 978-3-945015-07-0
19,90 Euro
Weitere Bücher der Autorin auf www.multiple-arts.com

Hallo MS: Einblicke in ein Leben mit Multiple Sklerose

MS: Zwei Buchstaben, die eine vermeintlich geordnete Welt von heute auf morgen auf den Kopf stellen: So beschreibt Autorin Heike Führ in ihrem Buch "Hallo *MS*" das tägliche Wechselbad der Gefühle nach der *Diagnose Multiple Sklerose*.

Schreiben und Malen sind die Passionen von Heike Führ
Heike Führ aus Mainz ist Mutter von zwei erwachsenen Kindern, glücklich verheiratet und arbeitete lange Zeit mit viel Engagement als Erzieherin. Im Alter von 32 Jahren erhielt sie die *Diagnose Multiple Sklerose*. 13 Jahre lang ließ sie die Krankheit scheinbar in Ruhe. Doch das ständige schleichende Voranschreiten der *MS* führte Anfang 2014 zur vollen Erwerbsminderungsrente. "Es geht nicht mehr": Eine harte Erkenntnis für die lebenslustige Frau, mit 50 Jahren ihren geliebten Beruf nicht mehr ausüben zu können. Resignieren ist für die lebenslustige Autorin jedoch keine Option. Sie schaut nach vorne und will mit ihrer Geschichte nicht nur MS-Erkrankten Einblick gewähren in ihr Leben mit MS.

Die MS schläft nie - Heike Führ tritt der Krankheit aktiv entgegen
In ihrem Buch "Hallo MS" schildert Heike Führ auf 243 Seiten unterhaltsam, alltagsnah und selbstkritisch die verschiedenen Facetten und Herausforderungen im Alltag mit der noch unheilbaren Krankheit. Mit vielen Beispielen veranschaulicht die Journalistin und Autorin die Unberechenbarkeit der MS und beleuchtet ihren ganz persönlichen Weg, mit der Angst zu leben, dass sie täglich ein neuer *Schub* treffen kann, der ihr Leben von heute auf morgen auf den Kopf stellt.

Hallo MS: "Du siehst blendend aus"
Wann immer sich die Krankheit meldet, sagt sich Heike Führ: "Hallo MS" – und stellt sich den Symptomen. Mit viel Humor, ohne die Herausforderungen mit der Krankheit zu leugnen, berichtet sie von Situationen, die wohl viele Menschen mit MS kennen. Zum Beispiel, wenn die nach außen unsichtbare Fatigue wieder alle Kräfte raubt und das Gegenüber dennoch freudestrahlend sagt: "Du siehst blendend aus." Typisch MS: Was wirklich hinter der scheinbar strahlenden Fassade vorgeht, bleibt der Umwelt verschlossen. Die unsichtbare Krankheit macht, was sie will und wann sie will. Dieser Ohnmacht begegnet Heike Führ mit Optimismus und positiven Kampfgeist. Sie schaut der Angst ins Gesicht und will dem Leser die MS begreiflich machen – ungeschönt, aber niemals ohne Hoffnung.

Das komplette Interview gibt es hier:
https://www.dmsg.de/multiple-sklerose-news/leben-mit-ms/hallo-ms-einblicke-in-ein-leben-mit-multiple-sklerose/